Ik 9 436

# LETTRE ET RÉPONSE

## Au Journal des Débats,

## PAR M. JOLLIVET,

Membre de la Chambre des Députés,

**DÉLÉGUÉ DE LA MARTINIQUE.**

PARIS.

IMPRIMERIE DE E.-B. DELANCHY,

FAUBOURG MONTMARTRE, 11.

1842.

# LETTRE ET RÉPONSE

## Au Journal des Débats,

# PAR M. JOLLIVET,

Membre de la Chambre des Députés,

**DÉLÉGUÉ DE LA MARTINIQUE.**

Paris, 10 décembre 1842.

Monsieur le rédacteur,

Vous affirmez, sur la foi d'un journal anglais, que l'exportation du sucre de la Jamaïque a été cette année de 30,000,000 de kilogrammes (36,012 hogsheads, boucauts anglais); qu'en 1841, l'exportation n'avait été que de 20,000,000 de kilogrammes (22,691 boucauts), en sorte qu'il y aurait une augmentation de moitié.

« Ces faits parlent haut, ajoutez-vous, ils ne peuvent manquer d'exercer une grande influence sur l'opinion publique qui est favorable à l'abolition de l'esclavage, mais qui avait besoin d'être rassurée sur les conséquences matérielles de l'émancipation. »

Pour que l'opinion publique fût rassurée, Monsieur le rédacteur, il faudrait quelque chose de plus qu'un chiffre hasardé par un journal anglais et que vous reproduisez, sans l'avoir vérifié ; il faudrait un état des douanes constatant que la Jamaïque a réellement exporté, cette année, 36,012 boucauts.

Les documents officiels sont d'autant plus nécessaires, que le journal anglais, en ne portant qu'à 22,691 boucauts l'exportation du sucre de la Jamaïque en 1841, a commis une erreur démentie par l'état des douanes qui la porte à 30,560 boucauts. (1).

Le même état constate que la Jamaïque exportait, en 1832, dans l'année qui a précédé l'acte d'émancipation... 91,453 bouc. de sucre.

______

(1) Voir cet état dans les procès-verbaux d'enquête publiés par ordre de la Chambre des communes, le 25 juillet 1842, page 325.

Que dans la première année de l'apprentissage, en 1834, elle exportait encore.... 77,801 bouc.

Ainsi, quand l'exportation aurait été de 36,012 boucauts anglais ( 30,000,000 de kil. ), comme vous le supposez , la diminution n'en serait pas moins de moitié , si on compare l'exportation de 1842 avec la première année de l'apprentissage ; de près de deux tiers , si on la compare avec l'année qui a précédé l'acte du Parlement du 28 août 1833.

Permettez-moi de dire, à mon tour, ces faits parlent haut, et ne sont pas propres à rassurer sur les conséquences matérielles de l'émancipation.

Ce n'est point le moment, Monsieur le rédacteur, de discuter les motifs qui ont déterminé l'Angleterre à émanciper les noirs dans ses colonies des Indes occidentales.

Peut-être vos sympathies anglaises vous abusent-elles quand vous déclarez que l'émancipation *procède évidemment d'idées religieuses et des sentiments d'une philanthropie élevée répandus dans la Grande-Bretagne* ; quand vous vous portez garant que ces motifs religieux et

philanthropiques sont purs de tout alliage ;
quand vous accusez de se livrer aux *interpré-
tations les plus raffinées* ceux qui croient reconnaître une arrière-pensée politique , un cal-
cul commercial ; quand vous affirmez que l'Angleterre n'a nul intérêt « à frapper d'interdit
entre nos mains les deux petites îles de la Martinique et de la Guadeloupe, à amortir **Cuba**
entre les mains de l'Espagne, à donner du souci
aux états méridionaux de l'Union américaine ,
à transporter la production du sucre des Indes
occidentales, où elle trouve pour rivaux , la
France , l'Espagne, le Brésil , etc. , dans l'Inde
orientale, qu'elle possède sans partage. »

Si j'osais ne pas adopter votre bonne opinion relativement à l'Angleterre , je me garde-
rais de l'avouer, car vous avez qualifié à l'avance
tout sentiment qui différerait du votre, *d'injus-
te, calomnieux, erroné* et *absurde.*

Je me tiens donc pour dit que la politique
anglaise est toujours dirigée par la philanthropie
la plus pure, même dans ses guerres d'opium ;
qu'elle obéit à des inspirations religieuses quand

elle fait bombarder Barcelone, qui a osé refuser ses cotons !

Et enfin, pour vous complaire, je proclame que c'est par philanthropie et par religion que votre Angleterre a émancipé les esclaves de ses colonies des Indes occidentales ; que c'est par philanthropie et par religion que dans la clause 64ᵉ de l'acte du parlement du 28 août 1833 elle a excepté de l'émancipation ses esclaves de Sainte-Hélène, de Ceylan et de l'Inde !

A. JOLLIVET.

# LE JOURNAL DES DÉBATS

### Du 15 décembre

CONTENAIT UN NOUVEL ARTICLE SUR L'ÉMANCIPATION ANGLAISE ;

## M. JOLLIVET

A fait insérer dans *le Commerce* la réponse suivante :

Le *Journal des Débats,* dans son numéro d'aujourd'hui, contient sur les colonies anglaises et sur les résultats de l'émancipation un article qui dénote la plus complète ignorance des faits, et qui professe les théories les plus étranges sur le système colonial. Constatons d'abord des aveux précieux que les *Débats* font *in extremis,* aveux qui mettent en défaut toutes les prédictions de l'école anglaise.

« Un comité de la chambre des communes vient, dans un rapport récent, de reconnaître la diminution de la production et l'affaiblissement de la grande culture dans les colonies anglaises.

« La production du sucre est moindre encore,

et de beaucoup, qu'avant la suppression de l'esclavage : c'est ce que nous ne contestons pas. Il est vrai que la Jamaïque, en particulier, rendait, pendant les années de l'apprentissage, beaucoup plus de sucre qu'aujourd'hui, et il ne faut pas se faire d'illusion, il est très-possible que la grande culture soit à jamais compromise dans les Antilles ; si leur salut dépendait du maintien de la grande culture, elles seraient gravement en péril, nous ne le dissimulons pas. Il nous paraît très-possible que la petite culture prenne sa place, nous le regardons même comme très-probable.

« Mais nous demandons ce que tout cela prouve contre l'affranchissement des noirs, tel que l'a exécuté la Grande-Bretagne ? »

La question du *Journal des Débats* est vraiment curieuse, et annonce un aplomb imperturbable ! Comment ! la grande culture compromise, perdue par l'émancipation anglaise, ne prouve rien contre cette émancipation ! Les abolitionistes disaient : Le travail libre est moins cher que le travail forcé ; émancipez. Le noir, quand il travaillera pour son compte, quand les salaires seront le prix de son travail, travaillera avec plus d'ardeur ; la production, loin de souffrir, prospèrera ; au lieu de diminuer, elle augmentera ; ayez foi dans nos promesses ; émancipez.

L'émancipation a été faite dans les colonies anglaises ; aucune de ces promesses ne s'est réalisée. Les noirs, devenus libres, ont cessé de travailler ; la production a diminué ; elle est menacée de cesser entièrement dans un avenir prochain, et le *Journal des Débats* compte assez sur la simplicité de ses lecteurs pour leur demander gravement ce que cela prouve contre l'émancipation !

« Les colonies faisaient du sucre, disent les économistes des *Débats,* eh bien ! elles feront autre chose.

« L'effort de la population, au lieu d'être exclusivement dirigé vers la production du sucre, se partagera entre diverses branches de production à l'infini. »

Fort bien ; mais toutes les productions ne conviennent pas également aux Antilles ; mais on n'improvise pas dans un jour de nouvelles branches de production ; mais le remplacement d'une production par une autre ne se fait pas sans la ruine du producteur ! Tout cela, pour le *Journal des Débats*, est pure bagatelle ; il dirait à la Beauce : vous cesserez la culture des céréales ; au département de la Gironde : vous cesserez la culture de la vigne ; et si la Gironde et la Beauce réclamaient, il arrêterait leur réclamation d'un mot : vous remplacerez la vigne et les céréales par de nouvelles branches de production à l'infini.

« Vous n'avez pas d'artisans, disent les *Débats* aux colonies. Vous aurez des artisans qui, au lieu de sucre, fabriqueront mille objets que vous faites venir en ce moment, à grands frais, de la métropole.

« Qui pourait souffrir de ce nouvel ordre de choses ? Le commerce ?

« Pas le moins du monde, car il y a toujours du bénéfice à avoir affaire à des populations aisées, etc. »

Le *Journal des Débats* suppose que l'abandon de la culture de la canne à sucre jettera l'aisance dans les populations coloniales. Cette supposition est la contre-partie de la vérité. Mais fût-elle la vérité même, avec quoi les noirs paieraient-ils les importations du commerce métropolitain ? Donneraient-ils en échange les produits de leurs jardins ? Et le commerce métropolitain, qu'aurait-il à importer dans les colonies, lorsqu'au lieu de se livrer à la culture de produits exportables et échangeables, les colonies se suffiraient à elles-mêmes, seraient peuplées d'artisans, couvertes de manufactures, et fabriqueraient elles-mêmes les mille objets qui leur sont fournis actuellement par la métropole ?

« L'abandon de la culture de la canne, dit le *Journal des Débats*, sera *favorable aux noirs !* »

Avant d'écrire, il faut s'instruire. Nous recommandons au *Journal des Débats* de lire l'enquête devant le comité de la chambre des communes dont il a cité le rapport. Il verra que tous les témoins entendus, planteurs et magistrats spéciaux, missionnaires anabaptistes, gouverneurs des colonies, ont reconnu que l'abandon de la culture du sucre serait fatal aux noirs ; qu'elle déterminerait une émigration des blancs ; et que les noirs, laissés à eux seuls, ne tarderaient pas à rétrograder vers la barbarie.

Mais ce qui passe toutes les bornes du sérieux, c'est cette affirmation des *Débats* que l'abandon de la grande culture ne ruinerait pas les colons.

Ils vendraient leurs habitations.

Et à qui ? aux noirs ?

Mais les noirs, avec quoi les paieraient-ils ?

Le *Journal des Débats* résout la difficulté en citant quelques achats de parcelles de terrain par des noirs dans les colonies émancipées, comme si des faits isolés, des achats de parcelles, suffisaient pour démontrer qu'il se trouverait des capitaux prêts à acheter toutes les habitations sucrières de la colonie !

Le *Journal des Débats* termine son traité d'économie politico-coloniale par une assertion diamétralement opposée à la vérité, à savoir: que les propriétés se vendent à de *bons prix* dans les colonies émancipées.

Nous renvoyons encore le *Journal des Débats* à l'enquête parlementaire; nous lui indiquerons, entre autres dépositions, celles de M. Bernal, président des comités de la chambre des communes d'Angleterre, et de sir C.T. Metcalfe, ancien gouverneur de la Jamaïque ; le *Journal des Débats*, après les avoir lues, sera convaincu que les propriétés coloniales sont avilies depuis l'émancipation, que plusieurs ont été abandonnées, qu'elles ne peuvent se vendre à aucun prix.

Il ajoutera un aveu de plus aux aveux qu'il a déjà faits. Mais il lui restera, et nous lui laisserons la satisfaction de se demander : « *Qu'est-ce que cela prouve ?* »